AF338373

LE LION,

ou

L'OBSERVATEUR GUERROYANT.

Vive le Roi et la Charte !

Par Frédéric ROYOU,

MEMBRE DE LA LÉGION D'HONNEUR.

Prix : un demi-franc.

PARIS,

A LA LIBRAIRIE POLÉMIQUE,

rue Neuve-Saint-Marc, n°s 7 et 8 ;

ET CHEZ LES LIBRAIRES DU PALAIS-ROYAL.

1820.

OUVRAGES DE FONDS

DE LA LIBRAIRIE POLÉMIQUE,

rue Neuve-Saint-Marc, n° 7.

Prix.

Histoire Ancienne, par J. C. Royou; 4 v. in-8°. 24 f.
 ——— Romaine, par le même; 4 v. in-8° . . 24
 ——— des Empereurs Romains, par le même,
  4 vol. in-8°. 20
 ——— du Bas-Empire, par le même, 4 v. in-8°. 20
 ——— de France, par le même, depuis Phara-
  mond jusqu'en 1819; 6 vol. in-8₀. . 36
Phocion, tragédie en cinq actes et en vers,
 représentée sur le Théâtre-Français en juillet
 1817, par le même 2   50
Le Frondeur, com. en un acte et en vers, représentée sur le Théâtre-Français en nov. 1819
 par le même 1   50
La Bureaucratie maritime, par F. Royou; 1 vol.
 in-8° (rare) 2
Esquisse maritime, par le même; broch. in-8°
 (très-rare). 1
Les Perruques, poëme héroï-comique en quatre
 chants, par le même, broch. in-8°. . . . 1

Nota. Les prix relatés ci-dessus sont ceux de Paris ; il faut y
joindre le port pour les Départemens.

Pour paraître à la fin de juillet 1820.

Zénobie, reine de Palmyre, tragédie en cinq
 actes et en vers. 3

LE LION

ou

L'OBSERVATEUR GUERROYANT.

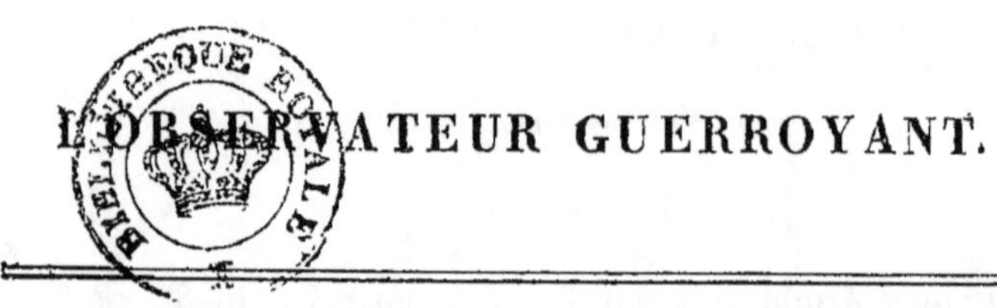

LES TROIS NIAISERIES POLITIQUES.

Un sot trouve toujours un plus sot qui l'admire.

La révolution nous a laissés entourés de décombres ; les matériaux sont là ; on pourrait édifier encore, mais au lieu d'architectes nous n'avons que des maçons politiques. La tranquillité publique est troublée dans la capitale depuis plusieurs jours ; le mal menace le cœur de l'état, et un ministère irrésolu ne prend que des mesures quotidiennes. Une police payée chèrement ne voit rien, n'entend rien, ne remédie à rien. On peut sortir de chez soi le matin sain et sauf, comme M. *Dubief*, et y rentrer estropié et couvert de sang. En vain objecte-t-on qu'un marchand de diamans ne peut être que *royaliste*, car c'en serait fait des pierres précieuses si la hideuse anarchie nous dévorait ; tous ces marchands sont *jacobins*, vous disent avec l'intrépidité de la sottise tous les chute ; s'il tombe du Capitole, au lieu d'en descendre, qu'un nouveau ministère entre au conseil en criant *vive le Roi et la Charte,* et ce cri répété des Alpes aux Pyrénées par deux millions de braves, avertira l'Europe qui nous écoute, que nous sommes encore la grande nation. *Vive le Roi et la Charte !*

CAMPAGNE MINISTÉRIELLE EN JUIN 1820.

OU

LA NOUVELLE FRONDE.

On se tue en riant, mais enfin on se tue.

Il paraît décidé que ce pauvre esprit humain circulera toujours dans le même cercle de folie. Tout le monde sait que sous la minorité de Louis XIV deux ambitions trompées, celles de Châteauneuf et de Chavigny, firent éclater des troubles que l'histoire désigne sous le nom de *la Fronde.* Le grand Condé appelait cette guerre ridicule, la guerre *des pots de Chambre.* Nous voyons, en 1820, des ambitions menacées faire éclater des troubles plus ridicules encore que ceux de 1648 ; et si nous avions aujourd'hui un *grand Condé,* il est bien vraisemblable qu'il appellerait *les charges ministérielles,* la *guerre des cruches.*

(5)

Est-il possible, en effet, d'imaginer rien de plus absurde
que des escadrons de cavalerie rangés en bataille contre
des doctrines qui, en dernière analyse, n'ont présenté
pour armes que des poumons vigoureux. Si Mahomet
n'avait point appuyé le Koran de son glaive , il est pro-
bable qu'au lieu de fonder une religion il ne serait par-
venu qu'à se faire renvoyer *à ses chameaux*. Que le ministère, la vue un peu troublée par la nécessité de re-
courir à l'amendement officieux, *mais non officiel*, de
M. Boin, afin de reculer sans en avoir l'air, ait cru apercevoir quelques petits *Séïdes imberbes* , cela se conçoit;
mais ce qu'on ne peut comprendre, c'est qu'il ait négligé
de s'enquérir si derrière ces petits Séïdes évaporés se
trouvait l'étoffe de quelque Bonaparte à pied ou à cheval ;
dans ce cas, mais dans ce cas seulement, les forces que
le ministère a déployées l'eussent été d'une manière con-
venable. Mais véritablement, à quelques doctrines politiques qu'il appartienne, tout homme de bonne foi con-
viendra qu'on n'expose pas de braves gens comme ceux
de la garde presqu'à la nécessité d'être ridicules à leurs
propres yeux, en les plaçant à chaque instant dans la
position de demander « où donc est l'ennemi ? Nous ne
« voyons que des femmes et des enfans. Si vous craignez
« que quelques coupe-jarrets se montrent , ce sera l'af-
« faire de la gendarmerie d'abord, puis de la verge du
« bourreau après. Le sabre de la garde veut d'autres

« adversaires ! » Voilà ce que le ministère aurait dû sentir. Car enfin si la révolte assurément ne peut jamais être justifiée, elle peut du moins se présenter avec des motifs plausibles, et faire en peu de temps des progrès si rapides qu'elle oblige à composer avec elle C'est précisément ce qui arriva dans la guerre de la Fronde. Dompté un moment par l'ascendant du *Catilina moderne* (le coadjuteur), Mazarin fut obligé de s'éloigner de la cour ; il finit par triompher de son audacieux rival, mais sa position valait un peu mieux que celle de nos petits Mazarins du jour.

En effet, le ministère est toujours placé sur un terrain détestable ; il s'obstine à nous présenter l'escamotage de toutes les libertés les plus précieuses comme la conséquence du *meurtre horrible*. On suppose à tous les Français une vue aussi peu étendue que s'ils étaient tous ministres ; cependant personne n'est dupe. Le meurtre d'un fils de France a été le prétexte, mais non assurément la cause de la confiscation de nos libertés. Maintenant que la tête du nouveau Ravaillac est tombée sous le glaive de Thémis, continuera-t-on long-temps à nous traiter et à nous châtier en complices, nous qui avons exécré son crime, l'un des plus énormes qu'il soit en la puissance d'un mortel de commettre ? Que veut dire le ministère avec son amour hypocrite pour la Charte ? Il ose à chaque instant parler de son respect pour elle :

mais l'essence de la Charte, c'est la liberté de la pensée. Où est cette liberté? Qu'a-t-on fait de la liberté individuelle? Mais, dira-t-on, nos libertés ne sont que suspendues. C'est beaucoup trop, car la nécessité de cette suspension n'a jamais été prouvée, et c'est par là qu'il fallait commencer. D'ailleurs, si vous reproduisez sans cesse les mêmes argumens, il faut bien se résoudre à répéter aussi les raisons qui les pulvérisent. Nous l'avons dit ailleurs (1), une monarchie constitutionnelle *vraiment constituée* EST UNE DICTATURE PERPÉTUELLE ; ainsi, par cette seule pensée, s'écroule tout l'échafaudage ministériel.

Remontons rapidement à des antécédens bien près de nous.

Du moment que le côté droit abandonna le terrain fécond des libertés publiques, sa politique dut devenir, devint stérile, et ne tarda pas à être frappée de mort. Nous l'en avions averti dans nos écrits précédens, où nous avions pour collaborateurs les écrivains les plus recommandables sous le rapport du talent et de la pureté des intentions. Tout cela ne suffit point pour la politique rationnelle.

Le côté gauche ne pouvait manquer d'apercevoir la faute énorme que venaient de commettre ses adversaires;

---

(1) Les Gémeaux, brochure in-8°. (Librairie Polémique.)

il s'empara du beau terrain abandonné par les myopes du royalisme, et il sut s'y maintenir. On aurait pu désirer souvent dans le côté gauche des organes un peu plus vierges des doctrines du despotisme, quand il s'agissait de défendre les libertés publiques ; mais enfin la nation attentive a dû oublier, en faveur de la beauté de la cause, les peccadilles de plus d'un des avocats. C'est ce qui est arrivé. Les esprits généreux ont approuvé les raisons données en faveur des libertés par des hommes dont il s'en faut beaucoup qu'ils aient toujours approuvé les antécédens. D'ailleurs, dans les circonstances où l'on se trouve, le bégueulisme politique serait assez déplacé ; car en vérité il y a tel ministre qui serait fort embarrassé pour prouver que son royalisme est de meilleur aloi que celui de tel député de gauche, tout ce royalisme de position ne datant que de la même époque. De là sont résultés des événemens qu'il était assez facile de prévoir. Les amis mûrs des libertés se sont bornés à s'affliger en silence de voir les députés de droite enchaînés comme troupes auxiliaires *au char ministériel* qui roule doucement vers un *despotisme anodin,* d'autant plus dangereux qu'avec l'auguste dynastie qui nous gouverne aucune oppression palpable n'est à craindre; aussi le ministère ne vise qu'à l'engourdissement de la nation. Tout ce qu'il désire c'est de bien mâcher et de faire incruster par ses écrivains à gages cette phrase toute faite

dans les cerveaux faibles : « Le ministère est placé sur
» des hauteurs ; son horison est plus vaste. Il voit mieux
» que la foule qui se presse dans la plaine. LAISSEZ-
» LE FAIRE, tous les Français seront heureux; ils veu-
» lent du repos, ils l'auront ; qu'ils chantent, qu'ils
» dansent et QU'ILS PAIENT. Nos petits Mazarins imitent
» le grand : ils *cantent*, ils *pagaront*. » Il est évident que
si le ministère a un plan arrêté, chose que nous n'ose-
rions affirmer, tant il marche en spirale, il a pour but
d'arriver soit par bonds, soit d'une manière suivie, à
ce dernier terme, Français *laissez-nous faire*.

Si ce n'est pas là le fond du *sac ministériel*, il faut en
conclure qu'il ne s'y trouve rien, et que les collègues de
M. Portal atteignent tout juste, en politique, à la même
hauteur que le baron en marine : on dirait l'incapa-
cité promenant son niveau.

Malheureusement pour le plan ministériel, les libertés
publiques ont non-seulement des amis mûrs, mais encore des amans impétueux; et ceux-ci ne souffrent point
en silence. La jeunesse française n'a pas assez de respect
pour les convenances, quand elle est vivement affectée.
Nous conviendrons donc que ces convenances ont pu
être blessées par une sorte de triomphe accordé à une
éloquence que la *pruderie politique* a traité d'éloquence
tribunitienne. Mais ce n'était là qu'un tort léger, pre-
nant son origine dans le jeu même de la machine constitutionnelle !

A ce premier tort en succède un plus grave, mais tenant aussi à l'incandescence de l'âge. Il fallait convenir noblement de ce second tort; il fallait expliquer comment des jeunes gens bien nés, craignant pour les objets de leur idolâtrie, s'étaient exagéré le danger du moment, avaient pu, dans leur exaltation, croire qu'il fallait, pour arriver à son devoir, franchir toutes les bornes permises : une faute avouée désarme vite les juges les plus sévères. Mais une conduite qui a besoin d'excuse est présentée comme digne d'éloge. Des voies de faits, à l'aide de déguisemens, sont une monstruosité qu'on a peine à croire, et dont il faudrait se hâter de repousser jusqu'au soupçon. C'est là que l'impartialité ira chercher l'origine des scènes affligeantes qui ont désolé la capitale pendant la première quinzaine de juin. Le passé n'étant au pouvoir de personne, nous ne chercherons point à irriter des passions nouvelles, en peignant avec une fausse sensibilité le sort déplorable des victimes de l'ineptie ministérielle, mais aussi il faut qu'on nous accorde que ce sont des victimes. A présent le ministère vient d'apprendre que les factieux, qui voudraient s'arrêter à l'idée de faire vaciller seulement le trône des Bourbons, seraient atteints et punis avec la rapidité de la pensée : il faut enfin, si le ministère n'est pas atteint D'UNE CÉCITÉ POLITIQUE INCURABLE, qu'il opte promptement entre ces deux partis; s'en aller, ou cesser de tenir,

pour ainsi dire, le trône en l'air en le séparant des libertés publiques. C'est surtout dans des monarchies consti-
tutionnelles qu'il faut faire attention à cette belle pensée :

Le silence du peuple est la leçon des rois.

LES COUPS DE GRIFFES.

.*. Le *Folliculaire* a trouvé le secret de paraître toujours *incognito* sur le Théâtre-Français , malgré l'am-
plitude de sa contexture. Cette pièce, comme comédie,
ressemble à tant d'autres qu'elle finit par ne ressembler
à rien. Il s'y trouve cependant un grand mérite , le seul
qui fasse vivre les ouvrages , celui du style. La poésie
en est correcte et élégante ; mais en général l'auteur a le
vers *flasque*. Il l'a jugé ainsi apparemment par les pré-
cautions qu'il a prises pour réussir ; tous les commis des
divers ministères s'étaient donné rendez-vous rue de
Richelieu ; c'était une *assemblée de famille*. Nous avions
au théâtre le *succès d'enthousiasme*, le *succès d'estime*, il faut y joindre , pour le *Folliculaire*, le *succès
ministériel*.

.*. MM. Anglès et Chabrol, dans leur adresse aux Pa-
risiens, ont trouvé à eux deux une excellente plaisante-

rie. Ils appellent les Français, en juin 1820, *un peuple libre*. Ces deux préfets, attelés au même joug ministériel, ajoutent, avec une douceur toute philantropique, qu'ils veilleront sur les délassemens du peuple de Paris, comme sur ses travaux. Ah ? Messieurs, de grâce :

Modérez des bontés dont l'excès embarrasse.

* * *

.*. DÉCADENCE DE LA MARINE FRANÇAISE (1) : tel est le titre d'un ouvrage que nous appelions de nos vœux depuis long-temps, et que nous aurions exécuté si la nature nous avait assez richement doté pour faire aussi bien. En vain M. Ange de L*** a-t-il gardé l'anonyme ; la reconnaissance ne tardera pas à déchirer le voile de la modestie. Cet opuscule laisse peu de prise à la critique : idées saines, chaleur de style, mouvement et vie dans la composition, telles sont les qualités qui doivent engager tous les marins, les députés, les écrivains politiques, à se procurer l'ouvrage de M. L*** et à en faire une espèce de *vade-mecum*. Ces éloges ne sont pas suspects dans notre bouche ; car, en nous citant, l'auteur est tombé dans le piége dressé par la *gent plumifère*.

Il a pris aussi la *Bureaucratie* pour une satire, tandis qu'elle n'a d'autre mérite que d'être la *vérité même*. Et

---

(1) 1 vol. in-12. Prix : 2 fr. 50 c. A la Librairie Polémique, rue Neuve-Saint-Marc, n° 7, et au Palais-Royal, chez Corréard.

puisque l'occasion s'en présente, nous dirons, pour n'en jamais reparler, que nous n'avons pas dû défendre notre *Bureaucratie* contre d'infâmes libellistes qui l'attaquaient sous le voile hideux de l'anonyme. Nous déclarons ici, une fois pour toutes, qu'il y a *insolence* à nous contester la faculté de traiter *ex-professo* tout ce qui touche à la *marine* ou aux *sciences transcendantes* (1). Nous n'avons jamais eu l'ambition, qu'au surplus justifierait au besoin l'exemple de *Forfait*, mais aussi nous ne pousserons jamais la modestie jusqu'à nous assimiler, en marine, au *baron Portal*, ou à tout autre ministre *ejusdem farinæ*.

.*. L'illustre auteur du *Pied-de-Mouton* ne laissait rien à désirer naguère pour le tact avec lequel il choisissait ces publicistes-gambadans, vulgairement nommés *saute-ruisseaux*. Pour lui parler une langue qu'il affectionne, nous l'engageons à ne plus prendre *à l'heure* celui qui *fait pour lui dans les tribunaux*, et qui prétend que le jeune *Bousquet-Deschamps* ne parle pas français. Un tel *croque-note* est un vrai *chie-en-lit*.

---

(1) Allusion de l'auteur à sa double qualité d'officier du génie et de professeur de physique-mathématique dans l'un des premiers établissemens de Paris.

(*Note de l'éditeur.*)

(14)

⁂ Dans la première quinzaine de juin il s'est répandu dans Paris une contagion funeste. Ses effets sont tels que les pères chassent de chez eux leurs enfans, les maris sont tentés de battre leurs femmes, et les amans rompent leurs projets de mariage; la faculté de médecine, ne sachant d'abord comment désigner ce *typhus politique*, s'est décidée enfin, après une longue discussion, à le nommer LE ROYALISME TOUT COURT.

⁂ Nous avons les premiers fait ressortir l'absurdité d'une école de marine placée à Angoulème. L'honorable député *Laisné de Villevéque*, infatigable défenseur de la marine opprimée, vient, du haut de la tribune nationale, de donner à nos doctrines maritimes cette autorité imposante qui leur manquait, et il l'a fait avec un bonheur d'expression que nous lui envions.

Voici comme s'exprime à ce sujet l'honorable député :

« Si l'on persistait à laisser une école de marine au mi-
» lieu des terres, il conviendrait, pour mettre toutes
» nos institutions à la hauteur des mêmes conceptions,
» de transporter un jour nos écoles militaires, et surtout
» celles de la cavalerie, sur des pontons ou des vaisseaux
» rasés (1). »

(1) Opinion de M. Laisné de Villevêque, séance du 13 juin 1820, imprimée par ordre de la chambre. Il faut rendre à César ce qui

**** Il faut bien le croire, puisque tous les journaux de la police le disent: l'auteur de Louis IX a obtenu une pension de deux mille francs. Cela s'explique cependant par la présence, au conseil, d'un ministre qui connaît un peu mieux le domaine de Cujas que l'empire de Melpomène. Voilà donc une récompense inouïe, accordée à un écolier qui vient de prouver qu'il est *poète impertinent*, puisqu'il fait dire à un renégat qui veut implorer la miséricorde divine :

Mon Dieu! juge implacable ! . . .

qu'il est *poète naïf*, puisqu'il fait dire à S. Louis, qui explique les motifs de sa croisade à Châtillon :

Et voilà mon excuse. . . .

enfin qu'il est *poète ignorant*, puisqu'il fait dire au chef d'une armée :

Vous recevrez de moi le signal du combat.

C'est dommage ! apparemment que l'auteur, qui n'a jamais vu de combat, s'imagine que les cantinières peuvent en donner le signal. On connaissait au théâtre le succès d'enthousiasme, le succès d'estime, le succès ministériel; il faut, pour Louis IX, y joindre le *succès d'humanité !*

---

est à César. La belle conception dont il s'agit est du bonhomme *Dubouchage.*

.⁎. Un certain duc, qui attire les regards on ne sait pourquoi, vient du moins de faire preuve de tact, en n'entrant dans Paris que le 21 juin. On l'a souvent comparé au fameux Genevois, avec lequel il a eu plus d'un malheureux rapport, mais si jamais il *rend des comptes*, il ne pourra pas du moins, comme Necker, répondre ce n'est qu'un *compte moral !*

.⁎. Rien n'est plus divertissant que la profonde ignorance de nos *publicistes défroqués*. Ceux de la rue des *Prêtres*, dans leur feuille du 22 juin, disent qu'on attend avec anxiété « ce que l'empereur de Russie *pense* » de la révolution d'Espagne » : ce que nous pensons, nous qui avons combattu long-temps dans la noble Hespérie, c'est que la nation espagnole se soucie assez peu de ce que *pense*, à son égard, non-seulement la Russie, mais encore l'Europe entière ; ce n'est point en Espagne que les étrangers sont des idoles et qu'on attend ce qu'ils *pensent* pour agir ! Voilà ce qu'ignorent *les déserteurs des autels* qui ont grand besoin d'être *pansés !*

Nota La Librairie polémique vient de faire mettre sous presse une brochure intitulée : LA VIERGE-POLITIQUE, ou L'OBSERVATEUR-CELTE.

IMPRIMERIE DE P. DUPONT.

Avis important pour la Littérature légère.

À l'entrée des bureaux de la *Librairie polémique* se
trouve placée une boîte ou *bouche de fer ;* elle est des-
tinée à recevoir tous les traits piquans qui sont de nature
à offrir une lecture agréable. On donnera, pour l'inser-
tion de ces petites pièces, la préférence à celles qui,
par un tour vif, soit en prose, soit en vers, exigeront le
moins d'espace.

Les Brochures de la Librairie Polémique se trouvent dans les Départemens chez les Libraires dont les noms suivent :

ABBEVILLE (Somme), *Grare.*
AGEN (Lot-et-Garonne), *Noubel.*
ANGOULÊME (Charente), *Tremeau.*
ARRAS (Pas-de-Calais), *Topino.*
AUXERRE (Yonne), *Marie Edme-François.*
BAYONNE (Basses-Pyr.), *Gosse.*
BEAUVAIS (Oise), *Desjardins.*
BORDEAUX (Gironde), *Coudert.*
BREST (Finistère), *Egasse.*
CALAIS (Pas-de-Calais), *Leleu.*
COLMAR (Haut-Rhin), *Petit.*
DIJON (Côte-d'Or), *Ve Lagier.*
GRENOBLE (Isère), *Falcon.*
HAVRE (le) (Seine-Inf.), *Chapelle.*
LAVAL (Mayenne), *Grandpré.*
LILLE (Nord), *Castiaux.*
LORIENT (Morbihan), *Lecoat Saint-Haouen.*
LYON (Rhône), *Bohaire.*
MARSEILLE (B.-du-Rhône), *Masvert.*
METZ (Mozelle), *Devilly.*
MONTPELLIER (Hérault), *Gabon.*
MULHAUSEN (Haut-Rhin), *Risler.*
NANTES (Loire-Inférieure), *Forest.*
NANCY (Meurthe), *Vincenot.*
NIORT (Deux-Sèvres), *Ve Etie Orillat.*
ORLÉANS (Loiret), *Ve Huet-Pedoux.*

PERPIGNAN (Pyr. Orient.), *Tastu, pè et fils.*
POITIERS (Vienne), *Catineau.*
RENNES (Ille-et-Villaine), *Kerpen.*
ROCHELLE (la) (Charente-Inférieure *Guillard.*
ROUEN (Seine-Inférieure), *Frère.*
STRASBOURG (Bas-Rhin), *Levrault.*
TOULOUSE (Haute-Gar.), *Vieusseux*
TOURS (Indre-et-Loire), *Légier Homo.*
VALENCIENNES (Nord), *Lemaître.*